Januar

			16
Neujahr			17
			18
			19
			20
5			21
			22
			23
8			24
9			25
0			26
1			27
2			28
3			29
4			30
5			31

Januar

Heinrich Lefler - Der Gebrüder Grimm Geburtstagskalender

Bibliografische Information der Deutschen Nationalbibliothek:

Die Deutsche Nationalbibliothek verzeichnet diese Publikation in der Deutschen Nationalbibliografie; detaillierte bibliografische

Daten sind im Internet über http://dnb.dnb.de abrufbar.

© 2018 Elizabeth M. Potter 1. Auflage

elizabeth.potter@t-online.de

www.elizabethpotter.de

Facebook

Instagram

Covergrafik, Texte, Bilder: © 2018 Elizabeth M. Potter

Herstellung und Verlag: BoD — Books on Demand, Norderstedt

ISBN: 9783752855296

Februar

1	16
2	17
3	18
4	19
5	20
6	21
7	22
8	23
9	24
10	25
11	26
12	27
13	28
14	29
15	

Februar

März

	16
	17
	18
	19
	20
	21
	22
	23
	24
	25
0	26
1	27
2	28
3	29
4	30
5	31

März

April

		16	
		17	
2		18	
3		19	
4		20	
5		21	
6		22	
7		23	
8		24	
9		25	
10		26	
11		27	
12		28	
13		29	
14		30	
15			

April

Mai

		16	
	Tag der Arbeit	17	
		18	
		19	
		20	
		21	
		22	
		23	
		24	
		25	
		26	
		27	
		28	
		29	
		30	
		31	

Mai

Juni

	16
	17
	18
	19
	20
	21
	22
	23
	24
	25
0	26
1	27
2	28
3	29
4	30
5	

Juni

Der Gebrüder Grimm
Kalender

Juli

1	16
2	17
3	18
4	19
5	20
6	21
7	22
8	23
9	24
10	25
11	26
12	27
13	28
14	29
15	30
	31

Juli

Der Gebrüder Grimm
Kalender

August

	16
1	17
2	18
3	19
4	20
5	21
6	22
7	23
8	24
9	25
10	26
11	27
12	28
13	29
14	30
15	31

August

September

1	16
2	17
3	18
4	19
5	20
6	21
7	22
8	23
9	24
10	25
11	26
12	27
13	28
14	29
15	30

September

Oktober

1		16	
2		17	
3	Tag der Deutschen Einheit	18	
4		19	
5		20	
6		21	
7		22	
8		23	
9		24	
10		25	
11		26	
12		27	
13		28	
14		29	
15		30	
		31	

Oktober

November

	16
1	17
2	18
3	19
4	20
5	21
6	22
7	23
8	24
9	25
10	26
11	27
12	28
13	29
14	30
15	

November

Dezember

1		16	
2		17	
3		18	
4		19	
5		20	
6		21	
7		22	
8		23	
9		24	
10		25	1. Weihnachtstag
11		26	2. Weihnachtstag
12		27	
13		28	
14		29	
15		30	
		31	

Dezember